lex:tra

GEFÄHRLICHER EINKAUF

Von Volker Borbein und Christian Baumgarten

Illustriert von Detlef Surrey

GW00469206

Cornelsen

GEFÄHRLICHER EINKAUF
Volker Borbein und Christian Baumgarten
mit Illustrationen von Detlef Surrey

Lektorat: Pierre Le Borgne, Berlin
Layout und technische Umsetzung: Annika Preyhs für Buchgestaltung +
Umschlaggestaltung: Cornelsen Verlag Design

Weitere Titel in dieser Reihe

ISBN 978-3-589-01503-0	Tatort: Krankenhaus
ISBN 978-3-589-01501-6	Jeder ist käuflich
ISBN 978-3-589-01502-3	Tödlicher Cocktail
ISBN 978-3-589-01504-7	Tod in der Oper
ISBN 978-3-589-01505-4	Der Mond war Zeuge
ISBN 978-3-589-01506-1	Liebe bis in den Tod
ISBN 978-3-589-01508-5	Die Spur führt nach Bayern
ISBN 978-3-589-01509-2	Tödlicher Irrtum
ISBN 978-3-589-01511-5	Freude, Liebe, Angst

www.lextra.de
www.cornelsen.de

1. Auflage, 1. Druck 2010

© 2010 Cornelsen Verlag, Berlin

Druck: CS-Druck CornelsenStürtz, Berlin

ISBN 978-3-589-01510-8

 Inhalt gedruckt auf säurefreiem Papier aus nachhaltiger Forstwirtschaft.

INHALT

Die beigelegte Audio-CD macht diesen Krimi auch zum vergnüglichen Hörerlebnis.
Sie können diese spannende Geschichte in Ihren CD-Spieler einlegen oder über einen mp3-Player zu Hause, bei einer Auto-, Zug- oder Busfahrt anhören und genießen.

VORWORT

Angela Deutscher und Mehmet Özdemir, ein deutsch-türkisches Liebespaar, werden terrorisiert. Kunden ihres Lebensmittelgeschäfts geraten in Gefahr. Constanze Zeigen wird Opfer einer Vergiftung. Ihr Lebenspartner Privatdetektiv Patrick Reich ermittelt.

Die Hauptpersonen dieser Geschichte sind:

Angela Deutscher
Verliebt sich in Mehmet.
Das hat Folgen.

Markus Rache
Exfreund von Angela. Will er um jeden Preis Angela zurückholen?

Mehmet Özdemir
Inhaber eines Lebensmittelgeschäfts mit Imbiss. Wer will ihn ruinieren?

Achim Maske
Vermögensberater von Mehmet
und Stammkunde. Verdient er
das Vertrauen seiner Kunden?

Patrick Reich
Detektiv in Berlin.
Er hat Angst um Constanze.

Constanze Zeigen
Lebensgefährtin von Patrick.
Sie kommt in Lebensgefahr.

Ort der Handlung: Berlin, Bergmannstraße, in Kreuzberg*

* *www.bergmannstrasse.de*

KAPITEL 1

„Deutschlandradio[1]. Es ist 6.30 Uhr. Sie hören die Nachrichten."

Angela wacht auf. Markus schläft noch. Sie schaltet den Radiowecker aus. Sie steht leise auf, schließt die Schlafzim-
5 mertür und geht in das Badezimmer. In der Küche wartet schon ihr Kater Moritz auf sie. Sie bereitet das Frühstück vor. Eine halbe Stunde später steht Markus im Anzug vor ihr. „Guten Morgen, ich habe nicht viel Zeit, ich muss früher in die Bank. Ich habe gegen Abend noch einen
10 Gesprächstermin. Warte nicht auf mich. Es kann spät werden."
Schnell trinkt Markus eine Tasse Kaffee, nimmt seinen Laptop und seine Tasche. Ohne ein liebes Wort, ohne eine Umarmung verlässt er die Wohnung.
15 Traurig bleibt Angela am Frühstückstisch sitzen.
„Er hat weder meine neue Frisur noch meine neue Bluse bemerkt", sagt sie zu Kater Moritz, der auf dem Boden liegt. Sie steht auf und stellt das Geschirr in die Geschirr-spülmaschine.
20 „Wie soll das mit Markus und mir nur weitergehen?" Moritz streicht[2] um ihre Beine.

Angela verabschiedet sich von Moritz und geht zur Arbeit. Sie arbeitet als Kundenberaterin in einer Softwarefirma.

---

1 Deutschlandfunk, *www.dradio.de*
2 um etwas herumgehen

Der Umgang mit Menschen macht ihr Spaß. Die Arbeit an diesem Tag lenkt sie ab[3].

In der Mittagspause geht sie gegenüber in den türkischen Laden mit Imbiss[4]. Hier isst sie meistens einen frischen Salat. Manchmal gönnt sie sich einen Döner[5]. Mehmet Özdemir, Inhaber des Lebensmittelgeschäftes, und Angela Deutscher haben sich angefreundet. Beide empfinden für einander mehr als nur Sympathie.

„Die Bluse steht dir gut und die Frisur macht einen neuen Typ aus dir."
    Angela weiß, dass sie für ihre Größe etwas zu dick ist.
„Danke, Mehmet, für dein liebes Kompliment. Markus ist das nicht aufgefallen."

Angela schaut auf ihre Armbanduhr. „Ich muss zurück ins Büro." Sie zahlt und verlässt das Geschäft in der Bergmannstraße.

„Komm doch heute Abend vorbei, dann können wir uns unterhalten", ruft Mehmet ihr hinterher. „Ich warte auf dich."
    Angela dreht sich um.
„Gerne", sagt sie und ist über ihre Antwort selbst überrascht.

---

3 auf andere Gedanken kommen
4 Verkaufsstand, an dem einfache und schnell zubereitete Speisen
    verkauft werden
5 türkisches Gericht: Stückchen vom Hammelfleisch, das am Spieß
    gebraten wird

„Ich freue mich, dass du gekommen bist", strahlt Mehmet sie an[6].

„Es tut gut, mit jemandem zu sprechen. Seit Markus die neue Stelle hat, ist er wie verändert. Früher sind wir öfter
5 mit Freunden ausgegangen. Als Abteilungsleiter bei der Bank sind ihm die alten Freunde nicht mehr gut genug. Ich erkenne ihn nicht wieder. Er hat sich total verändert. Er redet kaum noch mit mir. Keine Umarmung, kein Lächeln, kein Kuss, keine Zärtlichkeit. Ich mache den Haushalt,
10 koche, putze, wasche die Wäsche. Für ihn ist das alles selbstverständlich. Nie fragt er, ob er mir helfen kann."
  „Möchtest du ein Glas Rotwein?", fragt Mehmet etwas verlegen[7].
  Er schenkt ein Glas Wein ein.

15 „Auf uns?", fragt Mehmet. Angela antwortet „Ja. In deiner Gegenwart fühle ich mich wohl."

6 jemanden sehr freundlich und mit glücklicher Miene ansehen
7 unsicher

KAPITEL 2

„Wo warst du denn so lange? Ich warte seit Stunden auf dich.“

Markus Rache, der Lebensgefährte von Angela, ist sauer[8]. Angela schaut ihn an.

5 „Und ich? Wie oft sitze ich hier und warte mit dem Essen auf dich? Ich weiß nie, wann du nach Hause kommst. Wenn du es genau wissen willst: Heute Abend habe ich mich mit Constanze und Mehmet unterhalten. Warum diese Aufregung so plötzlich? Dich interessiert doch seit 10 langem nicht mehr, was ich mache!“

Angela redet ohne Unterbrechung. Ihre ganze Frustration[9] platzt aus ihr heraus.

---

8 ärgerlich, verärgert
9 Gefühl der Verärgerung über eine Enttäuschung

„Jeder geht seinen eigenen Weg. Schon lange haben wir nichts mehr gemeinsam unternommen. Wir leben nicht mehr miteinander, sondern nebeneinander. Dein Job ist dir wichtiger geworden als ich."

5 „Sei nicht ungerecht, Angela. Du erfährst am eigenen Leib[10], dass die Anforderungen[11] im Beruf immer größer und härter werden. Immer weniger Berufstätige müssen immer mehr arbeiten."

„Ja, das stimmt. Anderen Menschen geht es allerdings 10 auch so. Aber muss unsere Beziehung darunter leiden? Du hast keine Zeit mehr für mich. Bestenfalls sehe ich dich morgens, und dann auch nur für wenige Minuten. Haben wir uns nichts mehr zu sagen? Was ist aus unseren Plänen, unseren Träumen geworden? Wie soll unsere Zukunft 15 aussehen? Wir wollten eine Familie gründen."

Markus hat Mühe, sich zu beherrschen[12]. Seine Stimme zittert[13].

„Du machst mir Vorwürfe[14]? Was ist in dich gefahren? Bisher hast du dich nicht beklagt."

20 „Doch Markus, du hast nur nicht bemerkt, wie unglücklich ich bin. Du warst, nein, du bist mit dir und mit deinem Job beschäftigt. Mit sonst nichts. Mit dir und deinem Job. Erinnerst du dich an meinen letzten Geburtstag?"

„Ja, warum? Natürlich erinnere ich mich."

---

10 selbst
11 Leistungen
12 sich kontrollieren
13 seine Stimme klingt sehr unsicher
14 jemandem deutlich sagen, welche Fehler er gemacht hat

„Erinnerst du dich an das Geschenk, das du mir gemacht hast?"

„Ja. Ein Bügeleisen[15] und eine Personenwaage[16]. Was soll die Frage?"

5 „Siehst du, du verstehst nichts."

„Empfindest du gar nichts mehr für mich? Willst du die gemeinsamen Jahre einfach so wegwerfen?", fragt Markus überrascht und beleidigt.

Angela schweigt.

10 „Du hast ein Verhältnis mit einem anderen Mann! Gib es zu! Wie heißt er? Seit wann kennt ihr euch? Trefft ihr euch heimlich hinter meinem Rücken?"

„Markus, du hast nichts verstanden. Ein Zusammenleben hat keinen Sinn mehr."

15 Angela sieht Markus in die Augen.

Markus wird weiß wie die Wand.

„Das wirst du bereuen[17], Angela, bitter bereuen."

Mehr sagt er nicht. Nur: „Das wirst du bereuen."

20 Angela bekommt Angst.

---

15 Gerät, mit dem man Kleidungsstücke glättet
16 Gerät zur Bestimmung des Gewichts von Personen
17 *hier:* darunter wirst du sehr leiden (das wird dir noch sehr leid tun)

KAPITEL 3

Angela und Mehmet haben nach langen Gesprächen beschlossen, zusammen zu leben.

Sie ist mit ihrem Kater Moritz in die Wohnung von Mehmet gezogen.

5   Sie ist glücklich.

An der Volkshochschule[18] in der Wassertorstraße lernt Angela in einem Kurs die türkische Sprache.

„Wir machen eine kleine Pause", sagt Sevil Akman, die türkische Kursleiterin. Die Teilnehmer, zehn Frauen und 10 zwei Männer, stehen auf. Sie sprechen miteinander. Die Kursteilnehmer reden sich mit Vornamen an. Das hat Sevil Akman vorgeschlagen. Auf den Tischen stehen Namens-

18 *www.vhs-friedrichshain-kreuzberg.de/kurse/sprachkurse.html*

schilder. Constanze sitzt im Kurs neben Angela. Sie kennen sich aus dem türkischen Geschäft, in dem Constanze und Patrick gerne einkaufen.

Zwischen Angela und Constanze besteht ein freund-
5 schaftliches Verhältnis.

„Ich finde es richtig, dass du dich von Markus getrennt hast. So konnte es nicht weitergehen. Das ist ganz schön mutig von dir, so schnell eine neue Beziehung einzugehen und zusammen zu ziehen. Oder?"
10 Erwartungsvoll sieht Constanze ihre Freundin an.

Angela lässt sich mit der Antwort Zeit. Nachdenklich antwortet sie:

„Das stimmt. Ich bin selbst überrascht, aber es ist halt passiert. Mehmet schenkt mir die Aufmerksamkeit, die
15 Markus mir nicht mehr gibt. Er ist höflich, zuvorkom-mend[19] und liebevoll. Er umwirbt[20] mich. Ich bin in ihn verliebt."

Angela lacht. „Außerdem ist Mehmet der beste Türkisch-lehrer, den du dir vorstellen kannst."
20 „Kann ich. Im Kurs bist du die Beste."

Constanze beneidet[21] ihre Freundin. Ihr fällt Türkisch schwer. Als Sozialpädagogin an einer Schule mit einem hohen Ausländeranteil muss sie so schnell wie möglich die Sprache lernen, die viele Schüler sprechen. Sie hat schlechte

---

19 höflich und hilfsbereit
20 mit verschiedenen Mitteln versuchen, die Liebe einer Person zu gewinnen
21 wie eine bestimmte Person sein wollen

Karten, wenn sie nicht versteht, worüber ihre Schüler reden.

Obwohl Angela und Constanze erst seit kurzer Zeit an dem Sprachkurs teilnehmen, können sie schon viel sagen: wie sie heißen, woher sie kommen, welchen Beruf sie haben. Und sie können über persönliche Neigungen[22] sprechen, Ansichten äußern und begründen, jemandem zustimmen[23] und widersprechen.
Constanze und Angela sind zufrieden.

„Trinken wir nach dem Kurs noch etwas zusammen?", schlägt Constanze vor.
„Heute Abend nicht", sagt Angela und ist stolz darauf, in türkischer Sprache einen Vorschlag abzulehnen.

„Bitte nehmen Sie wieder Platz. Der Unterricht geht weiter", sagt die energisch wirkende 1,65 m große dunkelhaarige Kursleiterin auf Türkisch. Die Kursteilnehmer haben sie verstanden.

22 Interesse
23 der gleichen Meinung sein; *Gegenteil:* widersprechen

KAPITEL 4

Angela Deutscher hat in ihrer Firma gekündigt. Sie arbeitet
im Geschäft ihres neuen Lebenspartners. Sie kümmert sich
um die Buchhaltung[24] und bedient im Laden. Sie spricht
mit Kunden und berät diese. Ihr freundliches und offenes
5 Wesen kommt gut an.

Die Kunden schätzen[25] das gut sortierte Angebot. Ein
Blickfang[26] und eine Freude für alle Sinne sind die Früchte
und das Gemüse auf den Ständen vor dem Geschäft.

---

24 das genaue Notieren der Geldsummen, die ein Kaufmann
   ausgibt oder verdient
25 (von jemandem) eine gute Meinung haben
26 etwas, das die Augen / die Aufmerksamkeit auf sich zieht

Fußgänger bleiben stehen und bewundern das farbige Mosaik aus Obst:

Erdbeeren, Kirschen, Pfirsiche, Orangen, Nektarinen, Aprikosen, Äpfel, Pflaumen, Melonen, Weintrauben,
5 Birnen und Ananas machen Appetit.

Tomaten, Paprika, Peperoni, Gurken, Erbsen, Bohnen, Porree, Kopfsalat, Lauch, Spinat, Sellerie, Zucchini, Pilze und Auberginen lassen keine Wünsche offen.

Zu den Stammkunden[27] zählt Achim Maske. Er ist nicht
10 nur ein gern gesehener Kunde, er ist gleichzeitig der Vermögensberater[28] von Mehmet. Mehmet hat ihm viel zu verdanken. Durch seine Ratschläge konnte er sein Geschäft auf eine solide Basis stellen und erfolgreich investieren. Vom Vermögensberater stammte auch die Idee, einen
15 Imbiss dem Lebensmittelgeschäft einzugliedern[29]. Mehmet gewann dadurch neue Kunden.

Achim Maske strahlt Vertrauen aus. Er genießt im Viertel einen ausgezeichneten Ruf[30].

„Guten Tag, Herr Maske. Schön Sie zu sehen. Haben Sie
20 einen besonderen Wunsch? Ich kann Ihnen heute besonders die Lammkoteletts empfehlen."

„Sehr freundlich. Später. Ich würde gern mit Ihrem Mann sprechen."

Angela errötet. „Ihr Mann" klingt noch ungewöhnlich
25 für sie.

27 jemand, der oft in demselben Geschäft einkauft
28 jemand, der Ratschläge in finanziellen Fragen gibt
29 integrieren
30 einen guten Namen bei anderen haben

„Er ist in seinem Büro. Sie kennen ja den Weg."

Achim Maske nickt. Er hat vor Jahren die Geschäftsräume und die Wohnung im ersten Stock an Mehmet Özdemir verkauft. Die Wohnung im zweiten Stock gehört ihm, sie
5 steht zurzeit aber leer.

Freundlich wird er von Mehmet begrüßt.
„Herr Özdemir, ich habe einige sehr interessante Vorschläge für Ihre Altersvorsorge[31] zu machen. Jetzt, wo Sie eine eigene Familie gründen wollen ... Außerdem
10 müssen wir über unser Darlehen[32] reden."
Mehmet hört aufmerksam zu.
Nach einer Stunde ist das Gespräch beendet. Als Achim Maske das Geschäft verlässt, winkt ihm Angela zu. Achim Maske reagiert nicht.
15 „Komisch", denkt Angela, „irgendwie ist mein Stammkunde anders als sonst." Sie teilt ihren Eindruck ihrem Mann mit.
„Mehmet, hattest du Ärger mit Herrn Maske? Er sah beim Weggehen nicht sehr zufrieden aus, um es höflich zu
20 sagen, eher böse. Was ist passiert? Hat es mit unserem Geschäft zu tun?"
„Mach dir keine Sorgen, Angela. Es ist nicht so schlimm", antwortet Mehmet ausweichend.
„Los, sag schon. Geht es um Geld?"
25 „Ja."
„Um welche Summe geht es?"

---

31 finanzielle Sicherheit für das Alter
32 Kredit

„Es ist so, Angela. Vor drei Jahren war ich in einer schwierigen finanziellen Situation. Die Bank gab mir kein Geld mehr. Maske hat mir mit einem privaten Darlehen aus der Patsche[33] geholfen."

5 „Und? Wo liegt das Problem?", fragt Angela, jetzt ungeduldig geworden.

„Achim Maske möchte das Darlehen zurück."

„Wann?"

„So schnell wie möglich. Am besten noch in dieser oder 10 in der nächsten Woche."

Angela lässt nicht locker.

„Um welche Summe geht es?"

„50 000 Euro!"

„So viel? Lass uns eine Nacht darüber schlafen und 15 morgen darüber reden."

Mehmet ist einverstanden.

33 aus einer schwierigen Situation helfen

Angela schaut auf ihre Uhr. „So spät schon! In einer Stunde beginnt mein Türkischkurs."

Angela lernt weiterhin an der Volkshochschule Türkisch.

5 Der Kurs ist um 21.45 Uhr beendet. Constanze fehlte. Angela macht sich auf den Heimweg. Sie geht langsam. Sie hat Zeit. Mehmet kommt erst gegen 23 Uhr. Er besucht eine Veranstaltung der „Interessensgemeinschaft der Kauf-leute aus der Bergmannstraße e. V." Angela denkt über den 10 Kurs nach und freut sich über ihre Fortschritte.

Plötzlich wird Angela unsicher. Sie fühlt sich beobachtet. Sie bleibt stehen und blickt um sich. Sie sieht einen Mann.

Ihr Herz klopft[34] wie wild. Ein Gedanke schießt[35] ihr durch den Kopf: „Markus."
So schnell sie kann, läuft sie nach Hause.

„Soll ich mit Mehmet darüber sprechen?", fragt sie sich
5 laut. „Was kann ich ihm denn Genaues sagen? Vielleicht bilde ich mir das alles nur ein", beruhigt sie sich selbst.
Eine Stunde später kommt Mehmet. Nach einer langen zärtlichen Umarmung fragt Mehmet: „Sag mal Schatz, hast du die Ladentür offen gelassen?"
10 „Nein."
„Gott sei Dank ist nichts passiert."
Angela hat in dieser Nacht einen unruhigen Schlaf. Sie denkt an ihren Exfreund.
Macht Markus seine Drohung wahr[36]?
15 Wenn ja, wie?

34 sehr schnell schlagen
35 plötzlich kommen
36 etwas Schlimmes, das man vorher gesagt hat, machen

KAPITEL 6

Angela ist froh, als um 7 Uhr der Wecker klingelt.
Ein neuer Arbeitstag beginnt.
Als Angela um 9 Uhr das Geschäft öffnet, wartet schon
die erste Kundin vor der Tür.

5 „Guten Morgen, Frau Lenhard. Wie geht es Ihnen?"
„Danke, gut."
„Und Ihrem Mann?"
„Besser."
„Warum besser? War er krank?"
10 „Nein. Das nicht. Er ist seit drei Monaten im Ruhe-
stand. Der Abschied von der Arbeit ist ihm schwer gefallen.
Und für mich war das auch nicht einfach. Ich war daran
gewöhnt, den Tag über allein in der Wohnung zu sein."
Sabine Lenhard ist eine Stammkundin. Sie kauft nicht
15 nur ein, sie unterhält sich oft über private Dinge mit Angela
Deutscher, so, wie es andere Stammkunden auch tun.

„Ich muss heute noch viel erledigen[37]. Ich erwarte morgen Besuch von einer alten Schulfreundin. Sie will mit ihrem Mann endlich die deutsche Hauptstadt sehen."

„Mit dem Wetter haben Sie Glück. Für das Wochenende
5 ist Sonne angesagt. Was möchten Sie heute mitnehmen?"

Sabine Lenhard entscheidet sich für das frische Lammfleisch und verlässt zufrieden das Geschäft.

Ein langer, arbeitsreicher Tag geht zu Ende.

Zufrieden und müde gehen Mehmet und Angela ins
10 Bett.

Nach wenigen Minuten schläft Mehmet ein.

Angela findet noch keinen Schlaf. Zu viele Dinge gehen ihr durch den Kopf.

Der Mond wirft Schatten auf die Wände des Schlafzim-
15 mers.

Angela schließt die Augen. Sie lässt den Tag Revue[38] passieren. Sie denkt nach über ihr neues Leben mit Mehmet und ihre Arbeit. Sie denkt zurück an die vielen Gespräche mit Kunden.

20 Jeden Abend schläft Angela voller Neugierde[39] auf den kommenden Tag ein. Es gibt noch so viel zu tun!

Ein schönes Gefühl gebraucht zu werden.

Angela wird in ihren Gedanken unterbrochen. Sie glaubt, Geräusche zu hören.

37 machen
38 etwas in Gedanken an sich vorbeiziehen lassen
39 Wunsch, etwas Bestimmtes oder Neues zu erfahren

Es klingt so, als ob jemand im Geschäft Kisten bewegt, Schubladen und Schränke öffnet, schwere Gegenstände beiseite[40] schiebt.

Angela richtet sich im Bett auf, um konzentrierter hören
5 zu können.

Nichts. Keine ungewöhnlichen Geräusche mehr.

„Ich habe mich wohl geirrt", denkt Angela, bevor sie in den Schlaf hinüber gleitet.

Mehmet steht immer als erster auf. Sein Arbeitstag ist sehr
10 viel länger als der von seiner Lebensgefährtin. Mehmet kauft zwei Mal pro Woche sehr früh am Morgen, fast noch in der Nacht, auf dem Großmarkt frische Ware ein.

Sein Schrei weckt Angela auf. Sie zieht sich in Windes-eile[41] ihren Morgenmantel an und läuft die Treppen
15 hinunter in das Geschäft.

Auf dem Boden liegen wild durcheinander: Obst, Gemüse, Dosen, Zucker, Mehl. Tiefkühltruhen[42] stehen weit offen.

Angela und Mehmet sehen sich an.
20 „Das Chaos hat einen Namen", denken beide. Sagen müssen sie ihn nicht.

Der finanzielle Schaden ist insbesondere durch den Ausfall der Tiefkühltruhen hoch.

Das Geschäft bleibt zur Verwunderung der Kunden zwei
25 Tage geschlossen.

---

40 etwas woanders hinstellen
41 sehr schnell
42 elektrisches Gerät, in dem Lebensmittel eingefroren werden
(Temperatur: −18 °C)

KAPITEL 7

„Das ist beinahe wie ein Familientreffen", sagt Angela.
Ihre liebsten Stammkunden sind versammelt: Constanze
Zeigen, Patrick Reich und Achim Maske. Bei sommerli-
chem Wetter genießen sie türkische Lammspezialitäten.

5   „Und? Haben Sie sich in Berlin schon eingelebt?", fragt
Maske Patrick Reich. Ohne die Antwort abzuwarten, stellt
er die nächste Frage.

„Haben Sie durch die Bankenkrise in der Detektei mehr
zu tun als vor der Krise?", möchte Maske wissen. Patrick

10   isst und nickt daher nur mit dem Kopf.

„Wir Vermögensberater haben eine schwierige Zeit.
Einige unserer Kunden geben uns die Schuld, wenn sie ihr
Geld verlieren. Sie machen uns für die Verluste verantwort-
lich. Je höher der Gewinn, desto größer die Risiken. Das

15   ignorieren viele oder wollen es einfach nicht wahrhaben.
Ich habe immer Glück gehabt. Manchen Kollegen geht es

jedoch finanziell schlecht, sehr schlecht." Achim Maske schüttelt den Kopf. „Es kann noch schlechter kommen", fügt er nach einer Pause hinzu. „Und es kann jeden treffen[43]. Wirklich jeden, der Geld investiert hat."

5   Patrick hat aufgehört zu essen.

„Aber Sie doch nicht, Herr Maske. Oder?"

Achim Maske gibt darauf keine Antwort. Er sieht an Patrick Reich vorbei.

   Constanze und Angela unterhalten sich über Rezepte.

10 Constanze möchte ihren Lebenspartner mit einem typischen türkischen Gericht verwöhnen[44]. Sie lässt sich von ihrer Freundin und von Mehmet beraten.

„Mehmet, welchen Nachtisch empfehlen Sie?"

   „Türkische Honigmelonen. Sie sind frisch und zurzeit

15 besonders fruchtig. Ich habe heute schon viele verkauft. Von meinen Kundinnen höre ich nur Gutes. Es könnte freilich sein, dass schon alle verkauft sind. Augenblick, ich sehe nach."

   „Ich möchte auch eine kaufen. Ich hole sie von draußen",

20 mischt[45] sich Maske in das Gespräch ein und geht zum Obststand vor dem Geschäft.

   Mehmet, Patrick und Constanze sprechen über türkische Lammspezialitäten. Angela hört nur mit halber Aufmerksamkeit zu. Sie sieht aus dem Fenster.

---

43 *hier:* jeder kann darunter leiden
44 jemandem eine Freude machen
45 ungefragt etwas tun

Ihr wird plötzlich kalt. Schweiß[46] ist auf ihrer Stirn. Sie möchte den Arm heben, um nach draußen zu zeigen. Ohne Erfolg. Sie versucht zu sprechen. Sie bringt keinen Ton heraus.

5 Mehmet merkt, dass mit seiner Freundin etwas nicht stimmt. Er sieht sie erstaunt an.

„Da, siehst du nicht. Da. Da draußen, vor dem Obststand", stottert[47] Angela, „neben Herrn Maske. Siehst du ihn nicht?"

10 „Wen soll ich sehen?"

„Markus Rache."

Achim Maske betritt wieder das Geschäft und gibt Constanze eine Melone. „Das war die letzte", sagt er. „Ich wünsche Ihnen guten Appetit."

15 „Haben Sie nicht Lust, mit uns heute Abend das Rezept zu probieren. Wir laden Sie herzlich ein."

„Lust ja, aber leider keine Zeit", antwortet Achim Maske und verlässt fast hastig[48] das Geschäft.

Als sie allein sind, nimmt Mehmet Angela in die Arme.

20 „Hab keine Angst. Ich bin bei dir. Ich beschütze dich."

46 salziges Wasser, das aus der Haut austritt
47 mit kurzen Pausen und Wiederholungen sprechen
48 sehr eilig und unruhig

Constanze hat ihre Kindheit und Jugend in Berlin verbracht. Für Patrick ist jede Fahrt zum Büro und jeder Spaziergang eine Entdeckungsreise. Patrick hatte sich Berlin als eine laute Stadt mit hektischem Verkehr und ungeduldigen
5 Menschen vorgestellt. Irrtum!
 Constanze und Patrick fühlen sich in Berlin wohl.
 Besonders angetan[49] sind sie von ihrer Wohnung am Chamissoplatz[50]. Sie liegt im zweiten Stock in einem sanierten[51] Altbau. Die Wohnung verbindet den Charme
10 großer hoher Räume mit dem Luxus moderner Technik.

---

49 von etwas begeistert sein; über etwas glücklich sein
50 *www.berlin.de/orte/sehenswuerdigkeiten/chamissoplatz*
51 renoviert und modernisiert

Ihre Arbeitsplätze können beide bequem mit öffentlichen Verkehrsmitteln erreichen.

Constanze und Patrick genießen den Abend zu zweit.
5 „Constanze, ich wusste schon immer, dass du hervorragend kochst. Heute hast du dich selbst übertroffen[52]."
Patrick steht auf und nimmt Constanze in die Arme.
„Ich glaube, wir haben unseren Platz, unsere Stadt gefunden. Constanze, ich liebe dich. Wann heiraten wir?"

Constanze ist sprachlos, für Patrick eine ungewohnte Situation.
10 ation.
Leise wiederholt er: „Wann heiraten wir?"
„Bald", antwortet Constanze.
„Lass uns darauf trinken. Ich hole den Champagner", sagt Patrick freudig erregt.
15 Sie stoßen[53] auf eine gemeinsame Zukunft an.

„So, jetzt kommt der Nachtisch dran", sagt Constanze, immer noch bewegt von der Liebeserklärung.
Als Patrick von der Melone essen will, klingelt das Telefon.

20 „Entschuldige, Constanze. Ich habe im Büro gesagt, dass ich heute zu Hause zu erreichen bin. Ich gehe in mein Arbeitszimmer. Es dauert bestimmt nicht lange. Iss ruhig weiter. Lass dir die Melone schmecken." Bevor Patrick das Esszimmer verlässt, küsst er Constanze auf die Stirn.

---

52 noch besser sein
53 auf etwas trinken; gefüllte Gläser mit dem Rand leicht gegeneinander stoßen

Das Telefongespräch dauert länger, als Patrick gedacht hatte. Nach sechs Minuten kommt er in das Esszimmer zurück.

„Soll ich den Champagner noch mal kalt stellen?", fragt
5 Patrick seine Lebensgefährtin.

Constanze antwortet nicht. Plötzlich legt sie los[54]:

„Hallo? Hören Sie? Haben Sie mich nicht verstanden? Was bilden Sie sich eigentlich ein? Verdammt noch mal[55]. Tun Sie, was ich sage. Sofort. Es ist eine Frechheit[56], wie
10 Sie mich behandeln. Was machen Sie denn in meiner Wohnung?"

Stille.

„Ich habe Sie nicht eingeladen. Raus. Auf der Stelle."

---

54 plötzlich anfangen, etwas zu sagen
55 umgangssprachlich: drückt großen Ärger aus
56 unmögliches, respektloses Benehmen

Patrick ist fassungslos. Er starrt[57] Constanze an.
Constanze hält ihre rechte Hand an ihr Ohr.
„Hallo? Ja? Ich verstehe Sie gut. Was wollen Sie? Ich
soll mich ausziehen? Tanzen?"

5 Constanze beginnt, sich im Kreis zu drehen. Schneller und
immer schneller. Sie fällt auf den Boden. Patrick stürzt sich
auf sie.
„Constanze, Liebste, was ist los? Bitte, sprich mit mir.
Wie kann ich dir helfen. Liebling, bitte, öffne die Augen."
10 Leblos liegt Constanze auf dem Boden.
Patrick nimmt sie in seine Arme.
„Bitte, sprich mit mir."
Constanze öffnet die Augen. Ihre Pupillen[58] sind riesen-
groß, ohne Ausdruck.
15 Patrick, eben noch der glücklichste Mann auf der Welt,
ist verzweifelt.
Fünf Minuten später sind Rettungswagen und Notarzt
da.

„Ihre Frau zeigt alle Anzeichen einer Vergiftung.
20 „Wie? Was? Vergiftung? Wodurch? Ich habe dasselbe
gegessen wie meine Frau, außer ..."
Patrick Reich ist verwirrt.
„Ihre Frau muss ins Krankenhaus", sagt Dr. Stück.
„Hier kann ich nur wenig machen. Am besten, Sie kommen
25 mit."
„In welches Krankenhaus bringen Sie meine Frau?"

---

57 jemanden lange und ausdruckslos ansehen
58 der kleine schwarze Teil in der Mitte des Auges, durch den das
Licht in das Auge kommt

„In das Klinikum Am Urban[59]."

„Gut. Ich fahre hinterher. Bitte, bitte, helfen Sie meiner Frau."

Als Constanze in den Krankenwagen geschoben wird,
5 ist sie noch immer ohne Bewusstsein[60].

59 bekanntes Krankenhaus in Kreuzberg
60 wie in einem tiefen Schlaf

Patrick Reich bleibt über Nacht bei seiner Lebensgefährtin im Krankenhaus. Er möchte so schnell wie möglich die Ursachen wissen, die zu dem Zustand von Constanze geführt haben. Er, Patrick Reich, Privatdetektiv, findet
5 vorerst keine Antwort.

Am nächsten Morgen erlöst[61] ihn der Arzt von der Ungewissheit[62].

„Ihre Frau hat unglaubliches Glück gehabt. Wenn die Dosis des Gifts größer gewesen wäre, hätte sie keine Über-
10 lebenschance gehabt."

„Um welches Gift handelt es sich?", möchte Patrick Reich wissen.

61 befreien
62 Unsicherheit

„Bella donna[63]. Das ist die wissenschaftliche Bezeichnung für die Tollkirsche. Bella donna verursacht Halluzinationen. Aber was sage ich Ihnen. Die Auswirkungen haben Sie miterlebt."

5 „Wie ist das Gift in ihren Körper gelangt?"

„Vermutlich durch ein Lebensmittel. Aber da müssen wir die Ergebnisse der toxikologischen Untersuchungen abwarten."

„Kann man das Gift nicht schmecken?" Patrick möchte
10 es genau wissen.

„Unter gewissen Voraussetzungen ja. Nicht aber, wenn das Gift z. B. einer süßen Speise beigemischt wurde."

Patrick geht ein Licht auf!

„Sie können Ihre Frau in zwei Stunden mit nach Hause
15 nehmen. Noch ein Tag Ruhe. Dann ist sie wieder völlig in Ordnung."

„Vielen Dank, Herr Doktor."

Privatdetektiv Reich weiß, was er jetzt zu tun hat. Und zwar sofort. Eile ist geboten[64].

20 Kurze Zeit darauf spricht Patrick mit Angela und Mehmet in deren Wohnung. Patrick kommt sofort zur Sache.

„Mehmet, haben Sie Feinde?"

Mit gespieltem Erstaunen sieht Mehmet Patrick an.

„Feinde? Ich verstehe nicht. Warum sollte ich Feinde
25 haben?"

Patrick lässt nicht locker[65].

---

63 *Atropa belladonna*, eine giftige Kirschenart
64 es muss schnell gehandelt werden
65 etwas so lange versuchen, bis man sein Ziel erreicht hat

„Gibt es jemand, der Sie aus dem Geschäft vertreiben[66] will? Ein Konkurrent, der Sie loswerden möchte? Eine Person, die Ihnen und Ihrer Frau aus persönlichen Gründen massiv schaden will. Denken Sie nach."

5 „Warum all diese Fragen, Patrick"?

„Constanze wurde gestern Abend vergiftet."

Mehmet und Angela sehen sich an, weiß im Gesicht.

„Der Verdacht besteht, dass in dem Obst, das wir gestern bei Ihnen gekauft haben, Gift enthalten war."

10 Angela nimmt Mehmets Hand und drückt sie.

„Patrick ist unser Freund. Erzählen wir, was sich in den letzten zwei Wochen ereignet hat."

Mehmet und Angela erzählen.

Patrick traut seinen Ohren nicht.

15 „Jetzt verstehe ich, warum das Geschäft zwei Tage geschlossen war. Wenn Sie wollen, stelle ich Nachforschungen an. Die ‚Unfälle' müssen ein Ende haben, sonst landen Sie noch im Krankenhaus. Und Ihre Kunden auch. Mehmet, Sie müssen das Obst, das gestern auf dem Stand 20 vor dem Geschäft war und das nicht verkauft worden ist, untersuchen lassen. Wer weiß, welches Obst noch vergiftet wurde. Wenn Sie wollen, kümmere ich mich darum. Schließen Sie das Geschäft bis Klarheit besteht."

66 jemanden dazu bringen, einen Ort zu verlassen

Nach dem Gespräch geht Patrick Reich in seine Wohnung
zurück. Constanze liegt im Wohnzimmer auf der Couch.
Patrick setzt sich zu ihr. Er nimmt ihre Hände.

„Ich bin glücklich, dass es dir besser geht. Der gestrige
5 Abend und die letzte Nacht müssen für dich schlimm
gewesen sein."

„Ich erinnere mich an nichts", sagt Constanze. „Und
das ist vielleicht gut so." Sie schaut Patrick an.

„Doch. An etwas erinnere ich mich."

10   „Woran, Liebling?", fragt Patrick gespannt.

„An deinen Heiratsantrag."

Patrick strahlt.

„Sag mal, was hat das Gespräch mit Angela und Mehmet
ergeben?"

„Viele Fragen, aber noch keine Antworten. Du bist mit Angela befreundet. Fühlten sie sich oder Mehmet bedroht? Wurden sie unter Druck gesetzt[67]?"

„Mir fällt da nur eine Person ein: Markus Rache.
5 Angelas Exfreund hat die Trennung nie akzeptiert. Er hat sie verfolgt. Das hat mir Angela erzählt."

„Aber warum sollte er die Existenz seiner Freundin vernichten[68], das Geschäft ihres Freundes ruinieren, das Leben von Kunden gefährden? Dein Leben. Du hast nichts
10 mit ihm zu tun. Oder bist du nur aus Zufall Opfer des Giftanschlags geworden? Das ergibt für mich keinen …"

Das Telefon klingelt. Patrick erwartet den Anruf eines Freundes vom Gesundheitsamt[69]. Er schaltet den Lautsprecher an, damit Constanze mithören kann.
15 „Und? Wurde das Obst schon sichergestellt?"

„Ich, ich bin es, Mehmet. Bitte kommen Sie schnell. Ich habe einen Drohbrief erhalten. Ich weiß nicht mehr weiter."

„Ich bin sofort da." Er wendet sich Constanze zu. „Du
20 hast gehört, was passiert ist. Bald wissen wir mehr. Ich habe einen Verdacht."

Zwanzig Minuten später trifft Patrick einen ratlosen[70] Mehmet und eine verängstigte Angela an.
„Wann haben Sie den Brief gefunden?"

---

67 jemandem drohen
68 kaputt machen
69 Behörde, die in einer Stadt für die Gesundheit der Bevölkerung
   verantwortlich ist
70 nicht wissen, was man tun soll

„Eine halbe Stunde, nachdem Sie unsere Wohnung verlassen haben."

„Wo?"

„Vor unserer Wohnungstür."

5 „Haben Sie jemanden gesehen oder gehört, der nicht zum Haus gehört oder nicht in der unmittelbaren Umgebung wohnt?"

„Nein."

„Gut, zeigen Sie mir jetzt bitte den Drohbrief."

10 „Hier ist er."

Mit zitternden Händen übergibt Mehmet das anonyme Schreiben.

71 weggehen

KAPITEL 12

Zwei Tage später.

Patrick informiert seine Auftraggeber über das bisherige Ergebnis der Untersuchungen des Gesundheitsamtes. In mehreren Orangen wurde bella donna gefunden. Vier
5 Kunden mussten sich vorübergehend[72] in ärztliche Behandlung begeben. Die polizeilichen Ermittlungen laufen. Das Geschäft bleibt für mehrere Tage geschlossen.

Es klingelt an der Wohnungstür. Angela öffnet und bittet Achim Maske in das Wohnzimmer. Mehmet begrüßt ihn
10 herzlich.

72 für kurze Zeit

„Können wir nachher zusammen sprechen? Unter vier Augen?"

„Gerne", antwortet Maske etwas überrascht.

„Möchten Sie etwas trinken?" Reich und Maske nicken
5 zustimmend. Es ist heiß an diesem Tag. Jedes kühle Getränk ist willkommen. Kurze Zeit später bringt Angela vier Gläser Orangensaft.

„Ich habe den Orangensaft frisch zubereitet. Ich hoffe, er schmeckt Ihnen."

Achim Maske blickt um sich. Noch haben die anderen nicht aus ihrem Glas getrunken. Maske führt das Glas an seine Lippen[73]. Er zögert[74], den Orangensaft zu trinken.

„Trinken Sie ruhig", sagt Patrick Reich zu Achim
5 Maske.

„Von dem Saft kriegen Sie keine großen Pupillen. Es ist kein Gift drin."

Vor Schreck[75] lässt Maske das Glas fallen.

„Woher wissen Sie, dass …?" Maske beißt sich auf die
10 Lippen. Zu spät! Er hat sich selbst verraten.

Maske schaut auf den Boden, dorthin, wo das kaputte Glas liegt. Vermögensberater Achim Maske hat nicht mehr den Mut, den anderen Personen im Zimmer in die Augen zu sehen.

15 „Herr Maske, ich habe mich über Sie informiert. Sie haben Schulden. Sie haben sich verspekuliert. Sie sind pleite[76]. Und mit den Leuten, mit denen Sie Geschäfte machen, ist nicht gut Kirschen essen[77]." Trotz des Ernstes der Lage freut sich Patrick über das Wortspiel.

20 „Soll ich weiterreden oder wollen Sie jetzt sprechen?"

Achim Maske zittert am ganzen Körper. Er will sprechen, bringt aber kein Wort heraus.

„Gut. Dann erzähle ich Ihnen, was geschehen ist. Sie mussten so schnell wie möglich an Geld kommen. Sie
25 mussten unbedingt dieses Haus verkaufen. Das gesamte Haus. Ihr potentieller Geldgeber ist nur am ganzen Haus

---

73 der obere und der untere Rand des Mundes
74 abwarten
75 starkes Gefühl der Angst
76 kein Geld mehr haben
77 man kann sich nicht gut mit jemandem vertragen

interessiert. Aber: Sie können das Haus nicht verkaufen, weil Herr Özdemir Eigentümer des Ladens und der Wohnung im ersten Stock ist.

Den Rest kennen Sie. Sie haben Mehmet und Angela
5 terrorisiert. Sie sind für den Einbruch und die Schäden im Geschäft verantwortlich. Sie haben Gift in das Obst gespritzt. Sie haben in Kauf[78] genommen, dass Kunden in große Gefahr gekommen sind. Sie haben den Drohbrief geschrieben. Sie wollten, dass Herr Özdemir sein Geschäft
10 und seine Wohnung so schnell wie möglich weit unter Preis verkauft."

Patrick wischt sich mit seinem Taschentuch Schweiß von der Stirn. Achim Maske sitzt da wie ein Häufchen Elend[79].

15 Patrick hat kein Mitleid mit dem Spekulanten.

„Ich verzeihe Ihnen nicht, dass Sie wissentlich meiner Freundin Schaden zufügen wollten. Wofür? Um Ihre Haut zu retten. Andere Menschen sind Ihnen egal, völlig egal. Sie gehen über Leichen[80]."

20 Patrick trinkt den Orangensaft.

„Sehen Sie, es wäre Ihnen nichts passiert. In Ihrer Haut möchte ich nicht stecken."

Mit allem hätten Mehmet und Angela gerechnet, nicht aber damit, dass ihr sympathischer Stammkunde und
25 Vermögensberater ein so mieses[81] Spiel spielt.

Ernüchtert und erleichtert sagt Angela:

---

78 ohne Rücksicht auf andere handeln
79 sehr traurig aussehen
80 das Unglück anderer Menschen ist Ihnen gleichgültig
81 böse

„Danke, Patrick. Der Albtraum[82] hat ein Ende."
„Für Achim Maske beginnt er jetzt", fügt Mehmet
hinzu.
„Patrick, eine Frage habe ich noch."
5   „Fragen Sie, Angela."
„Welche Rolle spielt Markus Rache?"
„Gar keine. Er war zur falschen Zeit am falschen Ort."

Eine Woche später wird die Wiedereröffnung des Geschäfts
mit einem großen Fest gefeiert.
10   Mehmet und Angela wollen heiraten. Nach der Hoch-
zeit von Constanze Zeigen und Patrick Reich.

82 sehr schlechter Traum

ÜBUNGEN ZU GEFÄHRLICHER EINKAUF

Kapitel 1

Ü 1   Haben Sie das im Text gelesen?

	Ja	Nein
1. Markus bereitet das Frühstück für Angela vor.	❑	❑
2. Markus hat Angelas neue Frisur und ihre neue Bluse bemerkt und ihr ein Kompliment gemacht.	❑	❑
3. Mehmet Özdemir und Angela Deutscher empfinden für einander mehr als nur Sympathie.	❑	❑
4. Angela Deutscher und Mehmet Özdemir treffen sich nach Feierabend in dem Geschäft von Mehmet.	❑	❑
5. Markus Rache hilft Angela Deutscher immer im Haushalt.	❑	❑

Kapitel 2

Ü 2   Welche Zusammenfassung ist richtig?
  A Markus sitzt seit Stunden zuhause und wartet auf
     Angela. Er hat inzwischen den Haushalt gemacht.
     Angela und Markus streiten sich. Angela wirft
     Markus vor, dass er keine Zeit für sie habe. Markus
     versteht die Vorwürfe von Angela nicht. Er wirft ihr

vor, dass sie ein Verhältnis mit einem anderen Mann habe. Angela will sich von Markus trennen.

B Markus sitzt seit Stunden zuhause und wartet auf Angela. Angela und Markus streiten sich. Markus wirft Angela vor, dass sie sich zu wenig um ihn kümmere und kaum Zeit für ihn habe. Sie reden lange miteinander und vertragen sich wieder.

C Angela kommt später als Markus nach Hause. Sie streiten sich. Angela sagt Markus, dass sie nur noch nebeneinander und nicht mehr miteinander lebten und meint, dass ein Zusammenleben mit ihm keinen Sinn habe. Markus wird weiß wie die Wand und droht Angela. Angela will sich von Markus trennen.

Kapitel 3

Ü 3   **Welche Sätze sind falsch?**

	richtig	falsch
1. Angela und Mehmet leben zusammen.	❑	❑
2. Der Kater Moritz ist bei Markus geblieben.	❑	❑
3. Constanze Zeigen und Angela Deutscher kennen sich aus dem türkischen Geschäft.	❑	❑
4. Angela Deutscher fällt es schwer, Türkisch zu lernen.	❑	❑
5. Constanze Zeigen lernt Türkisch für ihren Beruf.	❑	❑
6. Constanze und Angela gehen nach dem Kurs noch etwas trinken.	❑	❑

Kapitel 4

Ü4 Welches Wort gehört nicht dazu?
1. Nektarinen, Orangen, Paprika, Tomaten, Wurst
2. Auberginen, Käse, Sellerie, Spinat, Weintrauben
3. Ananas, Birnen, Pflaumen, Pilze, Senf, Zucchini
4. Lammkoteletts, Pfirsiche, Rindersteaks, Schweineschnitzel
5. Hartkäse, Parmesankäse, Schafskäse, Spinat

Kapitel 5

Ü5 Bringen Sie die Sätze in die richtige Reihenfolge.
1. So schnell sie kann, läuft sie nach Hause. ☐
2. Angela macht sich auf den Heimweg. ☐
3. Ein Gedanke schießt ihr durch den Kopf: „Markus.“ ☐
4. Angela fühlt sich beobachtet. Sie bleibt stehen und dreht sich um. ☐
5. Angela nimmt an dem Türkischkurs in der Volkshochschule teil. Der Kurs ist um 21.45 Uhr beendet. ☐ 1
6. Angela hat in dieser Nacht einen unruhigen Schlaf. Sie denkt an ihren Exfreund. ☐

Kapitel 6

Ü 6 **Ergänzen Sie bitte das fehlende Wort.**

1. Angela ist froh, ... um 7 Uhr der Wecker klingelt.

2. .... Angela um 9 Uhr das Geschäft öffnet, wartet schon die erste Kundin vor der Tür.

3. Sabine Lenhard .... eine Stammkundin.

4. Der Abschied von der Arbeit .... ihrem Mann schwergefallen.

5. Ein langer, arbeitsreicher Tag .... zu Ende.

6. Zufrieden und müde .... Mehmet und Angela ins Bett.

7. Zu viele Dinge .... ihr durch den Kopf.

8. Angela .... nach über ihr neues Leben mit Mehmet und ihre Arbeit.

9. Sie .... zurück an die vielen Gespräche mit Kunden.

10. „Ich habe mich wohl geirrt", ... Angela, bevor sie in den Schlaf hinüber gleitet.

Kapitel 7

Ü 7   **Welche Person hat was gesagt?**
1. „Das ist ja beinahe wie ein Familientreffen."
2. „Wir Vermögensberater haben eine schwierige
   Zeit."
3. „Einige unserer Kunden geben uns die Schuld, wenn
   sie ihr Geld verlieren."
4. „Mehmet, welchen Nachtisch empfehlen Sie?"
5. „Türkische Honigmelonen. Sie sind frisch und
   zurzeit besonders fruchtig."
6. „Ich möchte auch eine kaufen."
7. „Ich hole sie von draußen."
8. „Da, siehst du nicht. Da. Da draußen, vor dem
   Obststand."
9. „Wen soll ich sehen?"
10. „Das war die letzte."
11. „Ich wünsche Ihnen guten Appetit."
12. „Haben Sie nicht Lust, mit uns heute Abend das
    Rezept zu probieren?"
13. „Hab keine Angst."

Angela Deutscher	Achim Maske	Constanze Zeigen	Mehmet Özdemir

Kapitel 8

Ü 8   **Richtig oder falsch? Kreuzen Sie an.**

	richtig	falsch
1. Patrick Reich hat seine Kindheit und Jugend in Berlin verbracht.	❏	❏
2. Constanze und Patrick wohnen in der Bergmannstraße.	❏	❏
3. Mit öffentlichen Verkehrsmitteln erreichen beide bequem ihren Arbeitsplatz.	❏	❏
4. Constanze macht Patrick einen Heiratsantrag.	❏	❏
5. Constanze und Patrick trinken auf eine gemeinsame Zukunft.	❏	❏
6. Constanze holt den Nachtisch aus der Küche.	❏	❏
7. Als Patrick von der Melone essen will, klingelt es an der Haustür.	❏	❏

Kapitel 9

Ü 9   **Bringen Sie die Sätze in die richtige Reihenfolge.**
1. Patrick ist fassungslos.
2. Er ruft den Notarzt an.
3. Patrick stürzt sich auf Constanze.
4. Er versucht mit Constanze zu sprechen.
5. Patrick ist verzweifelt.
6. Patrick ist verwirrt.
7. Er nimmt Constanze in seine Arme.
8. Patrick kommt nach dem Telefongespräch in das Esszimmer zurück.

49

Kapitel 10

Ü 10 Was gehört zusammen?

1. Jemand, der die gleichen
Waren oder Dienstleistungen
anbietet oder das gleiche Ziel
erreichen will.

    a. Krankenhaus

2. Die Meinung, dass jemand
etwas Verbotenes oder
Illegales getan hat.

    b. Eile

3. Jemand, der in einem
bestimmten Geschäft (ein)
kauft oder bestimmte Dienste
in Anspruch nimmt.

    c. Gift

4. Jemand, der eine andere
Person aus bestimmten
Gründen hasst und versucht,
ihr zu schaden.

    d. Lebensmittel

5. Gebäude, in dem Kranke
liegen.

    e. Untersuchung

6. Dinge, die man jeden Tag isst
und trinkt, um sich zu
ernähren.

    f. Feind

7. Prüfen, wie etwas
funktioniert, ob etwas in
Ordnung ist, wie etwas
passiert.

    g. Konkurrent

8. Ein Ereignis, bei dem
Menschen verletzt oder
getötet werden und/oder
Dinge beschädigt werden.

    h. Verdacht

9. Das Bemühen, etwas schnell
zu tun.

    i. Unfall

10. Substanz, die dem
    Organismus stark schadet
    und tödlich für ihn sein kann

j. Kunde

Kapitel 11

Ü 11 Wer findet die meisten Wörter in fünf Minuten?
     (Vorsicht: ae = Ä)

G	E	W	O	H	N	H	E	I	T	K	O
E	B	O	B	S	T	R	E	N	N	E	N
S	C	H	R	E	I	U	F	R	E	I	S
P	U	N	K	T	L	N	P	R	E	I	S
R	N	U	T	I	E	E	I	G	E	L	B
A	S	N	U	N	I	N	S	E	L	K	E
E	E	G	E	S	C	H	A	E	F	T	N
C	L	E	B	E	N	A	L	T	E	R	A
H	E	I	E	R	I	L	Z	E	I	O	N
D	A	S	R	E	S	T	U	I	E	T	I
A	N	T	G	I	B	E	M	G	E	R	N

Ü 12 Tragen Sie die Antworten in die Kästchen ein.
1. Wo verbringt Patrick Reich eine Nacht? (Kapitel 10)
2. Welchen Nachnamen trägt der Exfreund von Angela? (Vorwort)
3. In welchen Raum kehrt Patrick nach dem Telefongespräch zurück? (Kapitel 8/9)
4. Was macht Angela Spaß? (Kapitel 1)
5. Was macht für Angela keinen Sinn mehr? (Kapitel 2)
6. In welcher Straße befindet sich das Geschäft mit dem Imbiss? (Kapitel 1)
7. Was macht die Polizei? (Kapitel 12)
8. Was genießt Achim Maske in seinem Stadtviertel? (Kapitel 4)
9. Wodurch wird Constanze krank? (Kapitel 10)

```
1 ▢ ☐ ☐ ☐ ☐ ☐ ☐ ☐ ☐ ☐
2 ▢ ☐ ☐
3 ▢ ☐ ☐ ☐ ☐
4 ▢ ☐ ☐
5 ▢ ☐ ☐ ☐ ☐
6 ▢ ☐ ☐ ☐ ☐ ☐ ☐ ☐ ☐
7 ▢ ☐ ☐ ☐ ☐ ☐ ☐ ☐
8 ▢ ☐ ☐
9 ▢ ☐ ☐
```

Erkennen Sie das Lösungswort?

1	2	3	4	5	6	7	8	9

LÖSUNGEN

Kapitel 1
Ü1   Ja: 3, 4
      Nein: 1, 2, 5

Kapitel 2
Ü2   Richtig: C

Kapitel 3
Ü3   Falsch: 2, 4, 6
      Richtig: 1, 3, 5

Kapitel 4
Ü4   1. Wurst; 2. Käse; 3. Senf;
      4. Pfirsiche; 5. Spinat

Kapitel 5
Ü5   5 – 2 – 4 – 3 – 1 – 6

Kapitel 6
Ü6   1. als; 2. als; 3. ist; 4. ist;
      5. geht; 6. gehen; 7. gehen;
      8. denkt; 9. denkt; 10. denkt

Kapitel 7
Ü7   Angela Deutscher: 1, 8
      Achim Maske: 2, 3, 6, 7,
      10 ,11
      Constanze Zeigen: 4, 12
      Mehmet Özdemir: 5, 9, 13

Kapitel 8
Ü8   Richtig: 3, 5
      Falsch: 1, 2, 4, 6, 7

Kapitel 9
Ü9   8 – 1 – 3 – 4 – 7 – 5 – 2 – 6

Kapitel 10
Ü10 1 g, 2 h, 3 j, 4 f, 5 a, 6 d, 7 e, 8 i,
      9 b, 10 c

Kapitel 11
Ü11 Waagerecht: Gewohnheit,
      Obst, Trennen, Rennen,
      Schrei, Reis, Punkt, Preis, Eis,
      Ei, Gelb, Eigelb, nun, Insel,
      Geschaeft, Leben, alt, Alter,
      Eier, da, das, Rest, an, gib,
      gern
      Senkrecht: Gespraech, da,
      uns, an, Wohnung, Geist, Eis,
      ist, Berg, ins, er, halte, alt, in,
      Rot, in

Kapitel 12
Ü12 1. K r a n k e n h a u s
      2. R a c h e
      3. E s s z i m m e r
      4. U m g a n g
      5. Z u s a m m e n l e b e n
      6. B e r g m a n n s t r a ß e
      7. E r m i t t l u n g en
      8. R u f
      9. Gift
      Lösungswort: Kreuzberg

Wortführer

Das zweisprachige Lernwörterbuch **Deutsch nach Themen** für die Niveaustufe A1–B2 enthält die 4000 häufigsten Wörter der deutschen Sprache und ist zum Wiederholen und Erweitern von Wortschatz einfach super.

Das Wörterbuch ist nach Themengebieten gegliedert und bietet für jedes Stichwort einen Beispielsatz und eine englische Übersetzung.

Das zum Wörterbuch passende Übungsbuch steckt voller abwechslungsreicher Aufgaben und eignet sich gut zur Prüfungsvorbereitung.

**Lernwörterbuch
Grund- und Aufbauwortschatz**
240 Seiten, Festeinband
ISBN 978-3-589-01559-7

**Übungsbuch
Grundwortschatz**
160 Seiten, kartoniert
ISBN 978-3-589-01560-3

Die aktuellen Preise und weitere Informationen finden Sie im Internet unter www.cornelsen.de/lextra oder www.cornelsen.de/erwachsenenbildung

Cornelsen Verlag • 14328 Berlin
www.cornelsen.de

GEFÄHRLICHER EINKAUF
EIN FALL FÜR PATRICK REICH

Gelesen von Melina Rost

Regie: Susanne Kreutzer
               Kerstin Reisz
               Christian Schmitz
Toningenieur: Christian Schmitz
Studio: Clarity Studio Berlin